Fußball-Witwen

Fußball-Witwen

Ein Überlebenskurs von Peter Ruge

TOMUS

Satz und Druck: Schwabenverlag AG, Ostfildern
Bindearbeiten: Sigloch Buchbinderei, Künzelsau

Auflage	Jahr
1 2 3 4 5 6	93 92 91 90 89

(Jeweils erste und letzte Zahl maßgeblich)

ISBN 3-8231-0551-5

Vorwort
von Heinz Sponsel

Auf der Suche nach der gültigen Definition des Wortes „Witwen“ ließen mich alle großen Nachschlagewerke im Stich. Es fand sich nur eine einzige Erklärung: „Witwen, bis 15 cm lange Webervögel im tropischen Afrika, Brutschmarotzer, die ihre Eier in den Nestern von Prachtfinken ablegen.“ Um diese Witwen konnte es sich im vorliegenden Buch ohne Zweifel nicht handeln. Doch wozu überhaupt eine lexikalische Definition? Witwen sind, wie allgemein bekannt, Frauen, die ihren Mann verloren haben. Durch natürlichen Tod, durch Selbstmord oder durch – Mord. Und manchmal hat rasende Eifersucht eine Frau selbst zum Mord an ihrem Mann getrieben. Dann nannte man sie Mörderin.
Früher, vor 2000 Jahren, im klassischen Griechenland, nannte man sie Erinnyen, und man reihte sie unter die Göttinnen ein, genauer gesagt als Rachegöttinnen. Vergangene Zeiten! Es muß nicht immer ein Seitensprung sein, warum sich Frauen an einem Mann rächen. Es gibt auch viele andere Gründe. Einer hat den Namen „Fußball“.
Hier der glasklare Beweis: Ein Fußballer, ein Fußball-Fan liebt zuallererst den Fußball, dann seine Frau. Diese gibt sich der Hoffnung hin, der törichten Hoffnung, in der Ehe ändere sich diese Reihenfolge. Mitnichten. Je länger die Ehe währt, desto mehr zementiert sich diese Rangordnung. Ein Blick in den Terminkalender eines Fußball-Fans, ob aktiv oder passiv, beweist es. Kein freies Wochenende, keine Zeit für die Frau. Bundesligaspiele, Sportschau im TV, oft bis Mitternacht. Sonntag Training. Abends mit Freunden beim Stammtisch. Am Mittwoch Spiele,

meist um den Europa-Cup. Flüge nach Spanien oder Griechenland oder sonstwo in Europa. „Nur dem Fußball gehört unser Leben“, singen sie, die Fans. Die aktiven Spieler denken mehr an ihre Gagen.
Langsam beginnt die einsame Ehefrau die Hoffnung aufzugeben. Dann zum ersten Mal der Gedanke: „Ich könnte ihn ermorden!“ Versuche der Aussprache? Oft begonnen, ebensooft abgebrochen. Utopische Gedanken: Man müßte alle Fabriken anzünden, in denen Fußbälle hergestellt werden. Nein, an die Fußbälle kommt man nicht heran. Also: Rache! Rache an ihm! Rache ist göttlich, wie die Erinnyen, die Rachegöttinnen Griechenlands, beweisen. Und was göttlich ist, ist wohl auch gut. Beruhigung des schlechten Gewissens mit der beruhigenden Weisheit einer längst vergangenen Zeit. Allmählich reifen die Gedanken zur Tat. Es gibt ja so zahllose Möglichkeiten, wie es geschehen soll.
Peter Ruge, der Illustrator, stand unserer Rachegöttin bei, zeichnete mit spitzer Feder auf, wie alles ablaufen könnte, um eine Erinnye, eine himmlische Rachegöttin, zu werden. Mehr als 90 Mord-Tips zur Auswahl! Tatmotiv: Fußball.
Nun kann man ihr nur wünschen, daß sie auch einen himmlischen Verteidiger findet, wenn sie vor ihren irdischen Richtern steht.
Pech, daß sie nicht vor 2000 Jahren lebte. Aber damals soll es ja noch keinen Fußball gegeben haben.

1. Phase
Vor dem Anpfiff

„. . . nur immer Sex in der Birne . . .“

„Ich heiße zwar Sisyphos, aber so blöd bin ich nun auch nicht!“

„. . . na ja, das mit der Kanonenkugel war geschwindelt . . .“

„. . . Wollt ihr Fußball total??!!“

„Der Nächste!“

„Unser Land braucht wieder Fußballspieler!“

...NUR
WER DIE FREIHEIT
LIEBT,
HEIRATET EINEN
AKTIVEN SPORTLER
Z.B.
FUSSBALLER...
....
Prange

„Bääh!“

„Immer dasselbe, aber immer wieder beeindruckend, oder?“

„Fräulein, Sie müssen sich noch gedulden, das Spiel wird verlängert!“

„. . . es geht nicht, ich ertrage deinen Anblick nicht!“

„. . . und ich raus aus dem Tor, das Leder so in der Hand und . . .“

„Mensch, schau doch: Täglich Spiele! Verschieb doch diese blöde Geburt bis zur Winterpause!"

2. Phase
Fußball ist sein Leben

„. . . wir haben gesiegt! Wir sind wieder wer!“

„. . . stell dich nicht so an, Carola! Unterhalte dich doch endlich!“

„Damals hab' ich hier Muttern aufgerissen! Wär' doch gelacht, wenn wir für dich nichts fänden!"

POKAL SPIEL
HEUTE IM STADION
VFB

„Das verdammte Fußballspiel hättest du auch bei deiner Frau anschauen können!"

„Arthur, sag ihnen endlich, daß du mit mir glücklich bist!“

„. . . du könntest dich ruhig mal ein bißchen für Sport interessieren!“

„. . . und jetzt sag ihm noch, daß ich nachher mit ihm einen trinken geh'!"

„. . . nur noch 5 Minuten, Liebling!“

...UND WENN SIE GEWINNEN, SAUFEN SIE NOCH MEHR!

„Es ist ihm vollkommen egal, was ich während der Spielzeit treibe!"

„. . . 5 Minuten sind schon gespielt . . .“

„. . . und wir haben alles gegeben in diesem Spiel . . .“

„. . . aber Sie sagten doch, ich könne ruhig mit Anhang kommen!“

„Kann man denn mit dir nicht mal in Ruhe ein Fußballspiel anhören?"

FUSSBALL
ENTWÖHNUNGS
CENTER

Noch 26 Minuten bis zur Halbzeit.

3. Phase
Entwöhnungsversuche

„Adjeu, treuer Freund, ich komme dich immer wieder besuchen."

SPORTNACHRICHTE

„Stell dir vor, selbst die Sportschau interessiert ihn nicht mehr!"

„. . ich weiß doch, was du denkst!“

„. . . weg mit dem Ball!“

„Ich warne dich!"

„Hast du den Fußball gesehen?“

4. Phase
Der Platzverweis

„. . . du betrügst mich nur einmal, Bernd!“

„Ach, Sie sind Herr Hausser! Ihre Frau hat uns hierher geschickt! . . . das Arsenbrötchen haben Sie wohl verschenkt?"

„. . . ach, hast du dich beim Training verletzt, Liebling?"

„Mein Mann wird bei der Eröffnungsfeier als erster den Ball aufs Tor schießen!“

„. . . also, eins, zwei und . . .“

TOOR
TOOR

„Glück im Unglück! Wenn wir's schaffen, kann der eine ins Stadion und der andere zu Hause bleiben!"

„. . . setz dich ordentlich an den Tisch!“

„Deine Frau hat mir gesagt, du hättest ein Verhältnis mit meiner!“

„. . . und sagen Sie ihr, sie soll sich hier ja nicht mehr blicken lassen!!“

„. . . einschalten! Du sollst die Sportschau einschalten!“

„Jaaaeeeiiihhh!!!“

„Hilde!“

TOOR
TOOR

„Achtung, Liebling, Kopfball!“

„Verzweifle nicht, auch wir hier oben spielen Fußball, und dein Mann ist für Donnerstag in unserer Mannschaft aufgestellt."

„. . . nur noch ein Bild drauf!"

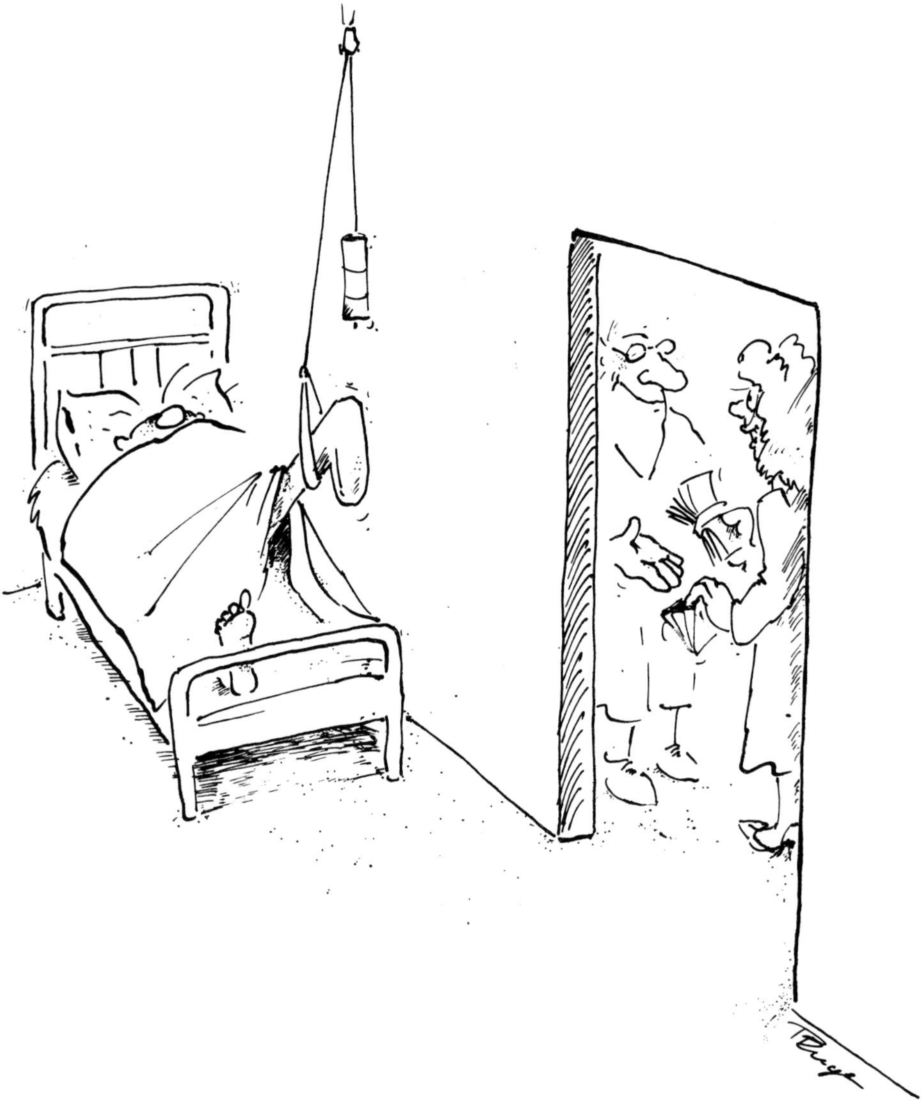

„Keine Ursache!“

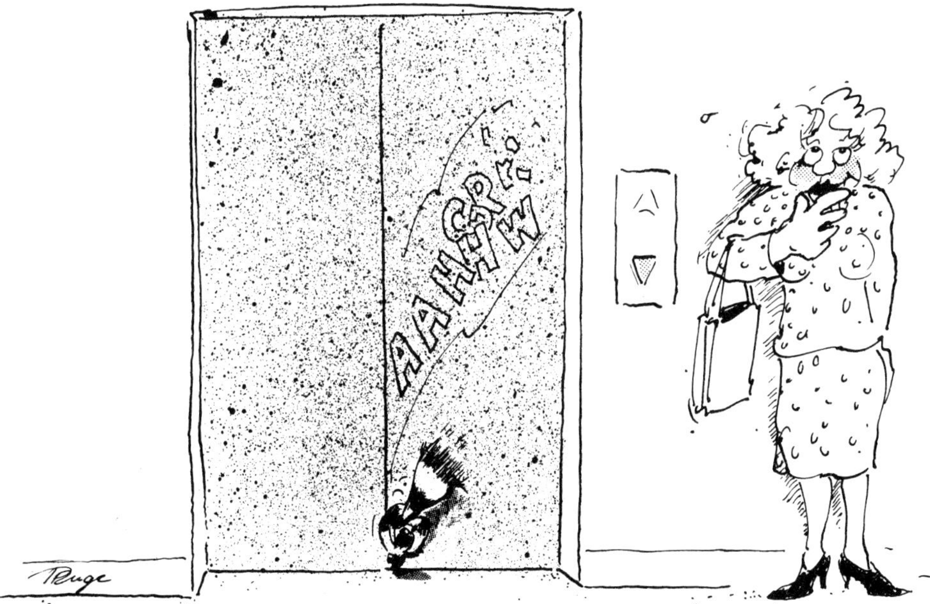

„. . . Sie haben Glück, Herr Vereinspräsident! Er wollte gerade zum Training!“

„Ein echter Geheimtip, dieses Spielfeld!“

„Jetzt . . . jetzt . . .“

KNUT, WO KOMMEN DENN DIE FUSSBÄLLE HER?
... UND GLEICH ZWEI!

„Männe, wir haben dich schon gesucht!"

„Manndeckung, Manndeckung!“

„. . . die letzten Sekunden, und das Spiel ist aus!“

„Was? 5:1 gewonnen! Na, das hätte ihn gefreut!“

IN LIEBE
DEINE

ZIRKUS
BEI UNS
TRuge

„Jetzt wäre mir doch beinahe 'ne Masche 'runtergefallen!“

„Ich, aufhören mit Fußballspielen, da muß sie sich aber etwas einfallen lassen!"

„Liebling, komm mal, mein neuer Freund mag keine Fußballspieler!“

„Ich habe ihm nicht geglaubt, als er sagte, das letzte Spiel liege ihm im Magen."

„. . . schieß doch endlich, du dumme Sau! Schieß, sch . . .!

„. . . und wo sind die Rolexuhr, die Scheckkarte und der Geldbeutel?"

FUSSBALL-
SPIELER
WEG!

Erst jetzt spürte Petra, wie schön ein Sonntag ohne Fußball-geschrei sein konnte.

„Ja, er ist es!“

TOOR
TOOR
TOOR
TOOOR
TOOR
TOOOR
TOOR
TOOORR